¡Sssssshhhhhhhhhh!

Haz del teatro algo íntimo

Llévalo siempre en el bolsillo

Cubierta y diseño editorial: Éride, Diseño Gráfico
Dirección editorial: ángel jiménez

Primera edición: septiembre, 2025

Baile de huesos
© Elena Belmonte
© VdB, 2025
Espronceda, 5
28003 Madrid

VdB®

ISBN: 979-13-87644-18-5
Depósito Legal: M-10934-2025
Diseño y preimpresión: Éride, Diseño Gráfico

Este libro protege el entorno

baile de huesos

Elena Belmonte
(Alcázar de San Juan,
Ciudad Real, 1958)

Dramaturga y narradora. Profesora de técnicas narrativas y teatrales en la Escuela de Escritores de Madrid y de talleres de animación a la lectura. Asesora literaria.

Autora de las obras de teatro *Los vanidosos*, *Clara sin burla* (Premio Textos Teatrales Villa de Pinto 2007 y Premio José Baeza Clemares 2009) *Baile de huesos* (Premio Internacional Lázaro Carreter 2010 y representada en Suiza, Buenos Aires y Madrid), *La herida, Humo en las flores, Escombros* y *Más al este es el oeste*, así como de infinidad de piezas breves como *Perséfone fuma, Mejor al aire, De noche sueño con tu mano, Sacar la basura, Años de agua, Escombros* o *Nadie tiene la culpa*. Todas ellas editadas y muchas representadas en España y en el extranjero.

Autora de los libros de relatos *Que hablen las farolas* (Libertarias, 1998) y *Comamos algo* (Gens, 2007) y de la novela *La época del agua* (Mondadori, 2005).

Antologías: *Watchwomen, narradores del siglo XXI, La parábola del dramaturgo, Escribir Novela (Manual para novelistas)* y *Escribir Cuento (Manual para cuentistas)*.

Elena Belmonte

baile de huesos

Estrenada en 2011 en el Teatro Lagrada de Madrid interpretada
por Óscar Olmeda (Tobías), Pilar Ávila (Lisa), Jesús Ganuza (Mauro),
Myriam Gas (Cora) y Manuel Galiana (La Muerte).

Dirección: Manuel Galiana.

Para Marga, detrás del piano.

Personajes

Tobías
Lisa
Mauro
Cora
La Muerte

2  3

Espacio vacío. Solo cinco sillas aquí y allá, en desorden. La iluminación tendrá que aportar una atmósfera opresiva. Hará mucho calor y los actores lo acusarán a lo largo de toda la obra. TOBÍAS *pasea, va con chaqueta y el nudo de la corbata deshecho.* LISA, *de aspecto soñador y frágil, con un vestido de tirantes y tal vez florecitas, pasea también y de vez en cuando se seca el sudor.* CORA *en cuclillas en un rincón, mira fijamente hacia el vacío.* MAURO, *de pie, quieto y pensativo.*

TOBÍAS   (*Rabioso.*) Me gustaría saber cuánto tiempo tendremos aún que esperar. Es de vergüenza que hasta para esto tenga uno que esperar. ¡Es el colmo! (*Silencio.*) Ahora todavía nos dirán que no hemos rellenado alguna instancia o que nos falta un requisito de sabe dios qué. (*Silencio.*) ¡Qué asco de mundo!

LISA   No es que sea un asco, es que hace demasiado calor.

TOBÍAS   ¡Sí, encima el calor! (*Silencio.*) ¡Esto nos pasa porque somos imbéciles! Solo a unos imbéciles y a unos borregos les puede pasar esto.

Solo unos borregos tienen que esperar para que alguien les venga a decir si pueden morirse ya o todavía no. «Tú sí, tú no, tú ya veremos». ¡Hay que joderse! ¡Yo me muero cuando quiero y cuando me da la gana y si quiero morirme en este mismo momento, pues me muero y no necesito el permiso de nadie. He tenido un accidente, ¡joder!, he tenido un choque frontal con un tráiler de ocho ejes, en el kilómetro 27 de la autovía del este, a las seis de la puñetera tarde, ¡y me voy a morir! ¡Vaya si me voy a morir! Además, ¿a quién coño estamos esperando, si puede saberse?

LISA   (*En voz queda.*) Creo que a la Muerte.

TOBÍAS   Pues si estamos esperando a la Muerte, es que nos vamos a morir.

MAURO   (*Discreto y con cierto remilgo.*) Puede. Probablemente.

TOBÍAS   ¡¿Cómo que puede?! ¡Nos vamos a morir y punto! Entonces, ¿a qué puñetas viene toda esta incertidumbre?

CORA   (*Se levanta del suelo, un poco harta.*) Nos han dicho que esperemos aquí y eso es lo que estamos haciendo. Y le agradecería que lo hiciésemos en silencio. No veo la necesidad de añadir sus gritos a todo este calor.

TOBÍAS   Ni usted ni nadie me puede obligar a que guarde silencio, señora mía. ¿Le parece poco haberse dado un tortazo contra un camión? ¿Le parece una tontería?, ¿le parecería normal que me quedase calladito como si no hubiera pasado nada? En estos momentos tengo el bazo…, (*Con guasa.*) digamos que delicado, la pierna izquierda como una hamburguesa con queso y más de once costillas rotas.

MAURO   (*Lo interrumpe con suavidad.*) Entonces las tiene todas rotas.

TOBÍAS   (*Desconcertado. A la defensiva.*) ¿Qué quiere decir?

MAURO   Que tenemos doce costillas, es decir que si usted tiene más de once rotas…

TOBÍAS   (*Rabioso de nuevo.*) ¡Ya, ya, ya! Ya veo que tenemos aquí a un tipo listo.

MAURO   (*Con modestia.*) No tanto, no crea.

TOBÍAS   Sí, usted es un tipo listo, hombre, no hay más que verle. No sé qué está haciendo aquí con lo listo que es. Un tipo tan listo que se sabe hasta las costillas que tenemos, no se muere así como así. Los tipos listos se aferran a la vida como si se creyeran muy importantes. «Si pienso existo». Ese es su lema, ¿no? «Con lo bien que pienso, joder, cómo me voy a morir yo. ¡Menudo desperdicio, menudo drama para la humanidad si yo desaparezco¡».

MAURO   (*Con humildad.*) Disculpe, la frase es «pienso luego existo»; «cogito ergo sum». La popularizó René Descartes, un pensador racionalista del siglo XVII.

TOBÍAS   (*A* CORA.) ¿Y a este tío no le va a decir que se calle? ¿A mí, sí; pero a él no? (*A* MAURO.) Escuche, amigo, los tipos como usted me sacan de quicio y no sabe cómo me pongo yo cuando me salgo de quicio. Así que o se calla o...

CORA   (*Indignada.*) Pero ¡¿quiere dejarlo en paz?! Es usted inaguantable. Es patético que nos hagan esperar con alguien que no tiene ni remota idea de las normas más básicas de educación. A lo mejor se ha creído que por chocar de frente con un tráiler, está usted en su derecho de decir lo que le venga en gana. Y si usted tiene doce o quinientas o mil costillas rotas, ¡yo he sufrido una apoplejía mientras me lavaba el pelo!, ¡yo que no tengo más que treinta y cinco años y toda una vida por delante!, ¡yo que esta misma noche tenía una cena de negocios importantísima!

TOBÍAS   (*Rompe en carcajadas.*) ¡Esta tía es genial! (*Vuelve al enfado.*) Pero ¿qué clase de gilipollas es usted que lo único que le preocupa es una cena de negocios después de haber sufrido una apoplejía? Escuche, señora, ¿o prefiere que la llame jovencita en honor a sus treinta y cinco años?, si ahora viene la Muerte y nos da a elegir, le aseguro que yo decido palmarla, pero si la Muerte me pregunta a quién le daría algún otro voto, sin lugar a dudas, sin vacilar un solo momento, la señalaré a usted. Porque no creo que el mundo se resienta sin su presencia. No será usted, desde luego, quién descubra algo nuevo contra el cáncer.

CORA   (*Indignadísima y muy tiesa se dirige hacia la salida de la izquierda. A gritos.*) ¡Por favor, que alguien me abra la puerta!

MAURO   Nos dijeron que teníamos que esperar aquí.

CORA   ¡Yo no pienso esperar aquí con semejante energúmeno! (TOBÍAS *ríe.*) ¡Que alguien me abra la puerta, por favor, quiero salir! ¡Me ahogo!

LISA   ¿Alguien tiene un cigarrillo?

MAURO   Lo siento, no fumo.

TOBÍAS   (*Se palpa los bolsillos.*) ¡Maldita sea, me han quitado hasta el tabaco! (*Se sigue palpando.*) ¡Y el móvil! (*Se dirige hacia el mismo lugar que* CORA. *A gritos.*) ¡Abran esta puerta de una puñetera vez o la tiro abajo! ¡Hijos de la grandísima puta, devuélvanme el móvil! (CORA *se retira con tal de no tenerlo cerca. Lo mira con enorme desprecio.* TOBÍAS *empieza a pasearse nervioso.*) Cuando llegue la Muerte nos encontrará muertos. En esta ratonera sin ventanas.

LISA   Si, al menos, pudiera fumar…

MAURO   Lamento no poder ayudarla. Nunca he fumado. No tengo nada contra los fumadores; es sabido que la ansiedad se produce en las terminaciones nerviosas del cerebro y nadie tiene la culpa de eso. Hace poco leí un artículo interesantísimo: algunos especialistas en trastornos de ansiedad han descubierto que…

TOBÍAS   (*Lo interrumpe.*) ¡Nos han engañado! ¡Ya estamos muertos y esto es el infierno! ¡Nos engañaron cuando nos hablaron del diablo! ¡El diablo no es ese tipo vestido de rojo con un pincho y un rabo! ¡El diablo es un tipo que habla de Descartes y de especialistas en no sé qué! (*Se encara con* MAURO.) ¡Usted es el puto diablo, le he dicho que se calle o me explotará la cabeza y entonces alguien lo lamentará!

CORA   ¡Es increíble!

LISA   ¿Por qué no hacemos algo mientras tanto en vez de discutir? Vendrá la Muerte y nos encontrará nerviosos. No es bueno morir nervioso, creo yo. Todo el mundo habla de la muerte como algo sereno y pacífico. No me gustaría morir agarrotada, con las manos crispadas y los dientes apretados. Una vez estuve en un museo de muertos embalsamados y no olvidaré la expresión de uno de ellos. Tenía la cabeza hacia atrás, y su boca parecía gritar. Imaginé que había muerto en medio de una discusión con su madre en la cocina, tal vez porque le disgustaba comer judías verdes tan a menudo. Me resultó absurdo, me pareció que ese hombre había hecho una cosa muy fea muriéndose así, como si le hubiera faltado la dignidad en el último momento.

TOBÍAS   (*Con ironía, mirándola con curiosidad.*) Así que judías verdes ...

LISA   (*Con ingenuidad.*) Sí, judías verdes o espinacas o espárragos.

TOBÍAS   Sí, vamos, cualquier cosa, pero verde.

LISA   Sí, no sé por qué pensé en algo verde. Fue ver su cara contraída y enseguida me imaginé dos platos sobre la mesa con algo verde encima, pensé que la discusión había sido por algo verde y lo peor es que cada vez que recuerdo el cadáver embalsamado de aquel hombre, lo sigo pensando.

TOBÍAS   Menudo problemita, ¿no?

LISA   (*Preocupada.*) ¿Por qué problemita?

TOBÍAS   No sé, digo yo.

LISA   ¿Cree usted que es un problema? A veces yo también lo pienso. Es que desde entonces siento asco de la verdura.

TOBÍAS   Es usted rara, ¿no?

LISA   (*Más preocupada.*) ¿Rara?

TOBÍAS   Sí, rara, rara. Eso es lo que he dicho. Una mujer que ve judías verdes por todos lados.

LISA   (*Insegura.*) No es eso exactamente lo que he querido decir.

TOBÍAS   ¡Claro que sí! Un trauma con el verde de padre y muy señor mío. Yo sé lo que a usted le pasa, aunque no voy a decírselo.

LISA   ¿Por qué no? Dígamelo, por favor, quiero saberlo. Creo que es importante lo que todo el mundo tenga que decir. Porque una nunca sabe en qué frase o en qué momento encontrará algo que le ayude a comprender. (*Silencio.*) Dígamelo, por favor.

(TOBÍAS *ríe secretamente divertido.*)

MAURO   Dígaselo, por favor, ¿qué trabajo le cuesta?

TOBÍAS   ¡Hay qué joderse! ¡Qué panda, dios! De acuerdo, se lo diré, pero no va a gustarle, muñeca.

CORA	¿Por qué tiene que llamarla muñeca?
TOBÍAS	(*Obviándola. A* LISA.) Le daré el diagnóstico. (*A* MAURO.) ¡Eh, tipo listo!, ¿no se llama así cuando a alguien le dan con lo que tiene?
MAURO	Así es. Se llama diagnóstico.
LISA	¿Y cuál cree que es el mío?
TOBÍAS	No quiero asustarla, guapa, pero tiene muy mala pinta. Relaciona el verde con la muerte; es decir la muerte con el sexo. De modo que si le toca diñarla hoy, va a necesitar ayuda para morirse en paz como quiere.
LISA	No entiendo qué es lo que me quiere decir.
TOBÍAS	Que va a necesitar morirse con un poco de disfrute, ya sabe…, (*Quizá haga un gesto algo soez.*) si no quiere morir rígida y con los piños encajados como aquel tipo. Nada de discusiones, guapa, se tumba en el suelo y yo…
CORA	¡Basta ya! ¡Usted no tiene vergüenza ni nada que se le parezca, estamos en una situación de lo más desagradable y a usted lo único que se le ocurre es ponerse a pensar en… en…!
TOBÍAS	(*Ríe.*) Vamos, dígalo, no sea ñoña.

LISA	Yo lo que decía es que podíamos hablar de alguna cosa que nos mantuviera entretenidos hasta que ocurra lo que tenga que ocurrir.
CORA	¿Cómo qué?
LISA	No sé. Podíamos hablar de esas cosas de las que la gente solo habla cuando saben que no se volverán a ver.
MAURO	Disculpe, pero no sé si será buena idea. Podríamos decir cosas de las que luego nos arrepintiéramos toda la vida.
TOBÍAS	¡Hay que joderse! ¡Pero si estamos en la antesala de la muerte, joder! ¡Qué arrepentimiento ni qué leches! No puedo con este tío; es tan pegajoso como el puto calor.
LISA	Podíamos contar algo que no hayamos contado nunca o, no sé..., recordar algo que nos gustó mucho.
CORA	No es mala idea. Cualquier cosa antes que seguir escuchando a este tío. Será mejor que le dejemos a él para el final, a ver si con un poco de suerte las doce costillas se lo llevan por delante.
TOBÍAS	(*Riendo.*) ¡Bah! (*A* LISA.) Sigamos con lo suyo, cielo. ¿Por qué no empezamos por usted?,

¿por qué no nos cuenta cositas como esa de las espinacas y el tipo muerto? Por cierto, ¿qué le ha pasado para que esté aquí?

(Silencio.)

LISA

Mejor no lo cuento, no me creerían.

TOBÍAS

(*A* MAURO.) ¡Usted, sabelotodo! ¿A que también tiene curiosidad por saber por qué está aquí esta mujer de ideas tan raras? Es fácil imaginarse que una mujer así no llega hasta aquí de un modo sencillo. ¡Qué va! Llega aquí porque se le ha atragantado algún pensamiento en mitad de la garganta y lo ha confundido con un huesito de codorniz o llega hasta aquí porque paseando por los jardines de La Madreselva, se le ha clavado el recuerdo de aquella mentirijilla que a los cinco años le contó a su abuela y eso, claro, le ha puesto al borde de un colapso nervioso y luego el colapso nervioso ha degenerado en… ¿en qué ha podido degenerar un colapso nervioso, sabelotodo?

MAURO

(*Circunspecto.*) ¿En un ataque al corazón tal vez?

TOBÍAS

¡Eso! Un ataque al corazón.

MAURO

(*A* LISA.) ¿Ha tenido usted un ataque al corazón?

CORA   (*A* LISA.) Pero ¿cómo deja que la interroguen de esta forma? ¿No tiene sangre en las venas o qué?

LISA   (*La apacigua.*) Podría haber tenido un ataque al corazón. A veces me he dicho «Lisa, en una de estas acabarás teniendo un ataque al corazón», pero la verdad es que la vida resulta impredecible. ¿Quién iba a decirme que acabaría justo como quería acabar? Porque yo quería acabar como acaba la gente en las películas. Muchas veces he soñado que estaría en la playa tomando el sol y entonces la muerte me sorprendería porque alguien me dispararía sin querer. Un tiro de esos que se le escapan a alguien y que justo van a dar en mi hombro derecho. Aunque primero parecería que había dado en mi hombro derecho, pero una vez en el quirófano, se descubriría que la bala me había dado en el pecho. Sería un desangrarse sin prisa, pero sin pausa.

MAURO   (*Con estupor.*) ¿Le han disparado?

TOBÍAS   (*Riendo a carcajadas.*) Ya sabía yo que algo vulgar y corriente no la había traído hasta aquí. ¡Esta tía es rara de cojones! Y todo esto sucedió caminando por la calle principal de algún pueblo de la campiña inglesa, ¿no?

LISA   (*Con un poco de vergüenza.*) No, estaba de vacaciones en Cartagena de Indias.

TOBÍAS   (*Con mucha sorna.*) ¡Ah, bueno, Cartagena de Indias!

MAURO   (*A* LISA.) No se preocupe, si tiene la bala alojada en el pecho no tiene por qué…

LISA   Sí, pero los médicos dicen que la cosa se está complicando.

MAURO   Cuánto lo siento.

LISA   Yo también siento lo suyo. Por cierto, ¿qué le ha pasado a usted?

MAURO   Tengo glomerulonefritis.

TOBÍAS   ¡¿Y qué coño es eso?!

MAURO   Es una enfermedad renal que causa daños en los glomérulos. En mi caso, ha sido producida por el síndrome de Goodpasture.

TOBÍAS   ¡Hay que joderse con este tío! ¡Traduzca!

MAURO   Significa que no puedo filtrar ni eliminar los desechos del riñón.

TOBÍAS   A ver si lo entiendo, ¿toda esta jeringonza significa que no puede mear?

MAURO   Exactamente.

(TOBÍAS *ríe. Entra* LA MUERTE *por la derecha.*
Mujer menuda vestida con sencillez: una fal-
da, una blusa y una chaqueta de color marrón.
Lleva un bolso muy grande. Parece aturullada
y nada más entrar, el bolso se le cae haciendo
bastante ruido. Los demás se sobrecogen.)

LA MUERTE   (*Sobrecogida también.*) ¡Uy! Disculpen.
(*Mientras* LA MUERTE *se agacha a recoger su*
bolso, los demás la miran paralizados, en com-
pleto silencio. En un tono dulce y desenfada-
do.) Discúlpenme, por favor, si les he hecho
esperar demasiado, pero he tenido una mañana de perros. He tenido que ir a recoger a
un camionero que se había estrellado en el
Km. 27 de la autovía del este, después a un
cazador en un bosque de Rumanía, luego a
una vieja que le había sentado mal la cena
en la provincia de… No sé, ya ni siquiera sé
en qué provincia fue. Pero, cielo santo, ¡qué
calor hace aquí! (*Se quita la chaqueta y se*
queda en mangas de camisa.) Siéntense, por
favor, no me miren así, no voy a comerme a
nadie. (MAURO y LISA, *obedientes, se sientan.*
TOBÍAS y CORA *la miran fijamente.*) Veamos.
Creo que yo también me sentaré. (*Se sienta*
y empieza a rebuscar en su enorme bolso.) Llevo un bolso tan grande que nunca encuentro lo que busco. A veces tengo la impresión
de que me paso la vida rebuscando. ¡Uy, la
vida! (*Ríe suavemente.*) ¡Qué eufemismo vi-
niendo de mí! (*Saca unos papeles, los mira.*)
Bien, hagamos un poquito de recuento para

ver si nos aclaramos y de paso, entramos en confianza. Tiene que estar por aquí la lista…, veamos, veamos… , ¿dónde la habré metido?… ¡Ah, aquí está!… (*Saca unos papeles del bolso, los lee por encima, entre dientes, y luego parece centrarse un poco.*) Sí. Ya lo veo. Muy bien. Para empezar tenemos aquí a… a Cora Martínez (*Levanta los ojos y los mira. Ante el silencio reinante, insiste en un tono muy dulce.*) ¿Alguno de ustedes es Cora Martínez?

CORA   (*Muy rígida, lúgubre.*) Soy yo.

LA MUERTE   Hola, Cora. Encantada de conocerla. No sé si ya lo he dicho, pero yo soy la Muerte, aunque pueden llamarme Caty, no es que me llame así, claro, pero sé por experiencia que si la gente puede ponerme un nombre tan inofensivo como Caty o como Susi, se sienten más relajados en mi presencia y todo marcha mejor. Quiero decir que todo resulta menos tenso y puedo hacer mejor mi trabajo. (*Vuelve a sus papeles, se detiene, levanta los ojos.*) Ah, se me olvidaba algo: y esta es mi antesala. Lamento que esté haciendo un verano tan bochornoso y que el ambiente esté como un horno, pero piensen que si fuera invierno ahí afuera, aquí dentro sería como un congelador. Yo creo que siempre es mejor el calor.

TOBÍAS   ¿Para qué si puede saberse?

LA MUERTE   (*Se encoge de hombros, piensa y no parece encontrar una respuesta satisfactoria o contundente. Resta importancia a la que da.*) Bueno, es más calentito. (*Vuelve a los papeles.*) Pero sigamos con usted, Cora. (*Lee.*) «Cora Martínez sufre una apoplejía mientras se lava la cabeza en su casa». No me lo tome a mal, Cora, cariño, pero qué manera más tonta de sufrir algo así, ¿verdad?, en fin, no hay de qué preocuparse.

CORA   ¿Está segura?

LA MUERTE   No me entienda mal, quiero decir que todo acaba por solucionarse en un sentido o en otro. Uno vive o muere, nada más, y no hay que hacer aspavientos ni darle más vueltas. (*Vuelve a mirar sus papeles.*) Pero sigamos, a ver a quién más tenemos aquí… ¡ah, sí!, Mauro Suárez. «Mauro sufre una glomerulonefritis aguda». ¡Menudo nombrecito! (*Levanta los ojos. Con la misma dulzura.*) ¿Quién de ustedes dos es Mauro? (MAURO, *acobardadísimo, levanta una mano.*) Encantada, Mauro. (MAURO *se tapa la cara y se echa a llorar discretamente.* LA MUERTE *deja los papeles en el suelo y se levanta, va hacia él.*) Pero no, Mauro, por favor, no, no, nada de lágrimas. Vamos, vamos, un poquito de ánimo. Todo esto es de lo más natural. ¿Acaso preferiríamos no nacer para no tener que morir? Por dios, no seamos infantiles. Vamos, Mauro, por favor, recapacite un poco.

MAURO   (*Recomponiéndose a duras penas.*) Disculpe.

LA MUERTE   (*Con una risita cantarina.*) No hay nada que
             disculpar, cariño. (*Vuelve a sentarse y a revisar
             sus papeles.*) Sigamos. Tenemos aquí... a «Lisa
             Valdeolmos que ha recibido un disparo en el
             hombro derecho mientras tomaba el sol en
             una playa de Cartagena de Indias». ¡Carta-
             gena de Indias! ¡Qué lugar tan precioso! Re-
             cuerdo que en una ocasión tuve que ir allí a
             recoger a un hombre; había sufrido un golpe
             en la cabeza mientras buceaba, se lo había
             dado un lobo marino demasiado juguetón.
             (*Ríe.*) No sé si ustedes saben que los lobos
             marinos no entrañan más peligro que poner-
             se demasiado juguetones... (*Les mira y se in-
             terrumpe.*) Perdonen, a veces tengo la tonta
             manía de hablar demasiado. ¿Qué puede im-
             portarles si los lobos marinos ...? (*Se vuelve
             a interrumpir y carraspea.*) El caso es que Lisa
             tiene que ser usted, ¿verdad?

LISA   (*Con un hilo de voz.*) Sí.

LA MUERTE   Mucho gusto, Lisa. Ha tenido la suerte de re-
             cibir un disparo en una playa de Cartagena
             de Indias y eso, desde luego, no le sucede a
             todo el mundo.

LISA   (*Sigue con un hilo de voz.*) Lo sé.

TOBÍAS   (*Impaciente.*) ¡Lo sabemos todos!

LA MUERTE   (*Vuelve a sus papeles.*) Y por último, tenemos aquí a Tobías Nasarre. (*Levanta los ojos y mira a* TOBÍAS.) Que seguro es usted. (*Lee.*) «Accidente de tráfico, choque frontal con camión, en el km. 27 de la autovía del este». (*Se queda pensando.*) Pero entonces usted…, claro, usted es el que ha chocado con el camionero que he ido a recoger hace un rato. Pobre hombre, estaba deshecho.

TOBÍAS   (*De muy mal humor.*) No crea que yo estoy mejor, señora mía.

LA MUERTE   Pero ¿cómo señora? Llámeme Caty, por favor.

TOBÍAS   (*Con los dientes apretados.*) Muy bien, la llamaré Caty o cómo coño quiera usted que la llame, pero si no le importa, Caty, me gustaría que fuéramos al grano de una condenada vez. Ahora ya sabemos que somos todos los que estamos en su puñetera lista, ¿por qué no se pone manos a la obra y acabamos con esto?, salvo que usted, bajo esa apariencia de no haber roto un plato en su vida, se dedique a jugar con la gente antes de sacudirle el golpe mortal.

LA MUERTE   (*Sin perder el encanto.*) Qué cosas tiene, cariño.

TOBÍAS   Haga el favor de no llamarme cariño.

LA MUERTE   (*Sorprendida.*) ¿Por qué?

TOBÍAS   (*Tajante.*) Porque no me gusta. Porque a mí nadie me llama cariño.

LA MUERTE   De acuerdo. Pero verá, Tobías, sería mejor que no se pusiera nervioso porque todo esto lleva su proceso. ¿Acaso le gustaría tener que venirse conmigo y que yo ni siquiera supiera su nombre, ni supiera por qué me lo estoy llevando? Eso sería una forma inhumana de trabajar, no sería justo para usted ni para nadie.

TOBÍAS   Lo que veo, señora, es que tiene mucha labia. Ahora ya sabe nuestros nombres y bla, bla, bla. ¿Y qué más? Estoy deseando largarme, ¿entiende?, me han quitado el tabaco, el móvil, tengo una pierna hecha puré, (*Hace un gesto hacia* MAURO.) según este tipo que todo lo sabe, tengo todas las costillas rotas y qué decir de mi bazo. Siga hablando con todos ellos si lo que quiere es un rato de parloteo, pero después de rematarme a mí.

LA MUERTE   No se preocupe, todo esto no puede llevarnos demasiado tiempo. Es sabido que esta tarde habrá una tormenta y yo he de irme en cuanto suenen los primeros truenos, para entonces tendré que tomar una decisión. Quedé con mi amiga, la pianista, en cuanto remitiera el calor.

LISA   ¿Tiene usted una amiga pianista? ¡Qué interesante! Saldría una bonita historia de eso: (*Grandilocuente.*) «¡La muerte y la pianista¡».

La Muerte   (*Con una risita.*) A decir verdad me gusta mucho esa mujer, pero de momento no ha pasado de ser un simple coqueteo. Tengo la esperanza de que esta tarde se rinda a mis encantos.

Tobías   Señora, vayamos al grano.

La Muerte   En fin…, (*Vuelve a revisar sus papeles.*) Miraré a ver si es usted a quién he venido a llevarme ya que tiene tanta prisa.

Tobías   (*Con mucha ironía.*) ¡Ah, que no lo sabe!

La Muerte   Si le digo la verdad no, pero lo llevo anotado en alguno de estos papeles. Tengo la costumbre de anotarlo todo. (*Revisa y revisa.*) No, esto es de esta mañana … Veamos, tiene que estar por aquí…

Tobías   ¡Santo cielo!

(Mauro *se tapa la cara y se echa a llorar de nuevo.*)

Cora   (*Estalla.*) ¡Yo ya no puedo más! ¡Me falta el aire para respirar! (*Va de nuevo hacia el lado izquierdo del escenario y grita.*) ¡Ábranme la puerta, sáquenme de aquí!

Lisa   (*Acercándose a* La Muerte.) Yo también me estoy poniendo un poco nerviosa. ¿No habría forma de conseguir un cigarrillo?

LA MUERTE (*Levanta la cabeza de los papeles con aire de despiste.*) ¿Cómo dice?

LISA Que si podría conseguirme un último cigarro.

LA MUERTE Lo siento, cariño, yo no fumo.

LISA Ya, entiendo que usted no fume pero al fin y al cabo, se dedica a esto y puede que lleve tabaco para ofrecer a los demás en un momento tan difícil.

LA MUERTE No sé. Si quiere puedo ir a comprarle una cajetilla. Creo que he visto por aquí cerca algún estanco...

TOBÍAS ¡Esto es de locos! (*A* LISA.) ¡¿Qué quiere?! ¿qué perdamos más tiempo? ¡Fúmese la pata de una silla, joder!

CORA (*A* LA MUERTE.) Me gustaría saber antes de irme por qué nadie nos dijo nunca que la muerte no era esa cosa seria y solemne que todos pensamos sino una chapuza que cuando llega el momento ha perdido el papel donde anotó a quién venía a llevarse. (*Con amargura.*) Es una tomadura de pelo.

LA MUERTE (*Bastante avergonzada.*) La entiendo, cariño, créame que la entiendo. Tiene usted toda la razón. (*Sigue revisando sus papeles.*) No sé qué ha podido pasar, no sé dónde he podido

	meterlo. Cada día tengo la cabeza peor. Pero claro, todo este trabajo para mí sola…
TOBÍAS	(*Pega un manotazo a todos los papeles tirándolos al suelo.*) ¡Déjelo ya! Yo decidiré por usted. Aquel tipo de allí y yo seremos los que nos iremos. Yo porque me da la gana y ese tipo porque es un listo; no le vendrá mal que alguien le diga lo que pasa con los tipos tan listos. (*A* CORA.) En cuanto a usted…, acabe de lavarse la cabeza y ya veremos, pero no las tenga todas consigo.
CORA	¡Estúpido! ¿Acaso cree que está dirigiendo su propia empresa?
TOBÍAS	¡Esta tía es una incompetente y alguien debe tomar el mando!
LA MUERTE	Vamos a serenarnos, por favor. Seré algo despistada, pero si ustedes se sientan y me van contando unas cuantas cositas, estoy segura de que acabaré por aclararme y sabré a quién de ustedes…
TOBÍAS	¡Acabáramos! ¿Pretende que nos sentemos a charlar tranquilamente como si no pasara nada? ¡Le he dicho que seré yo quién me vaya y ese tipo que no puede mear!
LISA	(*A* LA MUERTE.) ¿Y qué podemos contarle que la ayude a decidirse?

CORA   (*Aparta a* LISA, *muy firme.*) Empezaré yo. (*A* LA MUERTE.) Escuche, tengo sobradas razones para vivir. Esta mañana estaba lavándome la cabeza en mi casa y, aunque no soy de natural alegre, puede creerme si le digo que estaba cantando. Estaba cantando porque esta noche tengo una cena de negocios muy importante. Después de doce años luchando frenéticamente porque se me reconociera en mi profesión, el director general me ha invitado a cenar esta noche porque quiere que hablemos de proyectos.

TOBÍAS   Habrá que ver el proyecto que persigue ese.

CORA   ¿Qué insinúa?

TOBÍAS   Yo no insinúo nada. Solo digo que para hablar de proyectos también se puede hacer a las doce de la mañana.

CORA   (*A* LA MUERTE, *como si no hubiera oído.*) Mi camino hasta aquí ha sido difícil. Ha habido épocas en que he tenido problemas hasta para pagar el alquiler, me he quedado cientos de veces hasta las tantas trabajando y, por fin, hace dos días, el director general me llama a su despacho para felicitarme por mi rendimiento y me invita a cenar para que hablemos con más calma de mi futuro en la empresa. Sé que todo va a salir bien y que no se trata de sexo porque ese hombre me valora. (*Con un gesto que abarca a los demás.*) No sé todos ellos, pero yo me merezco la felicidad de una vez por todas. ¡No estoy dispuesta a morir porque me dé una apoplejía justo cuando me estoy lavando la cabeza y estoy cantando! ¡Es absurdo! Debe usted entenderlo, Caty, estoy convencida de que cualquiera de ellos tres estaría gustoso de morir antes que yo. ¡Solo tengo treinta y cinco años! (*Por* Mauro.) Sin embargo, ese hombre se ve que ya ha tenido tiempo de vivir lo suyo y seguramente no le ha servido para nada, es soso, es aburrido y no hay más que echarle un vistazo para saber que todo lo vence; yo no, porque estoy llena de energía y dispuesta a luchar hasta el fin. (*Señala a* Lisa.) En cuanto a esta mujer tiene la oportunidad de morir como siempre quiso: de un disparo, se ve que está contenta de morir como se muere en las películas, ¿por qué tendría que morir yo entonces? (*Por* Tobías. *Con desprecio.*) Y él…

LA MUERTE   (*La interrumpe. Con mucha curiosidad. A* Lisa.) ¿Siempre quiso morir de un disparo?

LISA   Sí. Es una tontería que tengo. Ya lo sé. Durante muchos años he cerrado los ojos antes de dormirme y me he visto tumbada en una playa de arena muy blanca, he sentido cómo el sol me daba sobre los párpados y luego he notado un pequeño escozor en el hombro derecho y me he dicho «Lisa, te acaban de disparar; es el final, pero qué final tan agradable».

CORA   (*A La Muerte.*) ¿Se da cuenta? Está encantada de morirse.

LISA   Yo no he dicho eso, preferiría dejarlo para más adelante, pero si así ha de ser, prefiero que sea de esta manera; es romántica, es original, es interesante. (*A La Muerte.*) De todos modos, le diré una cosa: sé, tengo la seguridad absoluta, de que nada va a ser tan sencillo para mí, no va a ser tan sencillo como morirse y ya está. Lo sé porque Plutón está transitando por mi signo y eso provocará situaciones muy complicadas en mi vida, mucho más complicadas que la muerte.

TOBÍAS   (*Ríe.*) ¡Hay que joderse!

MAURO   Perdone, Lisa, pero la Comunidad Astronómica Internacional acordó que Plutón ya no era un planeta, debido a su tamaño y a la forma poco ortodoxa de su órbita.

TOBÍAS   ¡Este tío es demasiado! (*Enfrentándose a* MAURO.) ¿Pero quién se cree que es? Ella quiere pensar que Plutón es la causa de todo, y ni usted ni nadie tiene derecho a romperle las ilusiones.

MAURO   (*Muy apurado.*) Yo no pretendo romperle sus ilusiones, por Dios. Yo nunca he roto las ilusiones de nadie. Me limitaba a sacarla de su error. (*Se lanza.*) Porque si el hombre no piensa, si el hombre no razona y se agazapa en creencias ancestrales está perdido. (*Cada vez más nervioso y vehemente.*) No hay progreso en la superstición, en los pálpitos de vieja, en la superchería. No me malinterprete, Lisa, se ve que es usted una buena persona, pero creo que vive bajo el imperio de los sueños y de las sensaciones y las sensaciones, igual que las emociones, no son más que un trastorno de la conducta ... ¡Qué calor hace aquí! (*Silencio. Desconcertado ante el silencio y lo que él mismo ha dicho.*) He hablado demasiado. Disculpen.

(*Se vuelve a tapar la cara y parece que llora. Silencio.*)

LA MUERTE   (*Suspira. Luego se levanta, pasea por el escenario.*) Mauro, cariño, me cae usted muy bien, pero yo creo que si dijera más a menudo lo que de verdad piensa le iría mejor. ¿Por qué no se anima y lo hace ahora? Al fin y al cabo, quizá sea lo último que pueda decir. (*Silencio.*) Vamos, Mauro, ¿por qué no me cuenta qué razones tiene para salir de esa enfermedad tan complicada y vivir?

LISA   Sí, Mauro, seguro que tiene algo interesante que contar.

TOBÍAS   Creo que se están equivocando dándole alas a este tipo.

CORA   ¡Cállese!

(MAURO *levanta la cabeza y mira a* LA MUER-
TE, *asustado. Duda.* LA MUERTE *sigue mirando a* MAURO. *Hasta que* MAURO, *inquieto, camina hasta ella. A partir de este momento, la
iluminación se centrará solo en* LA MUERTE *y
en* MAURO, *el resto quedará en penumbra.*)

MAURO   (*Muy inseguro.*) No creo que nada de lo que
yo tenga que decir pueda interesarle demasiado a nadie. Soy gris e insulso. La clase de
persona en la que nadie se fija; aunque le dé
las gracias a los camareros con amabilidad y
siempre esté dispuesto a ayudar a cualquiera a encontrar la calle que busca. Soy tan leal
con mis amigos, con mi esposa, con mi hijo...
que a veces... hasta me doy un poco de asco.
Me gustaría ser quizá esa clase de hombre
que hace reír a todo el mundo o que da gran-
des soluciones a los problemas, un tipo interesante del que la gente dice «mira lo que
le pasó a Mauro el otro día». No, nadie dirá
eso porque nunca me pasa nada. Es muy difícil que las personas como yo se puedan poner delante de alguien como usted y darle
argumentos que la convenzan de que el mundo perdería algo con mi muerte. (*Pausa.*)
Mentiría si le dijera que no me gustaría ver
cómo mi hijo se convierte en un hombre,
pero ya casi lo es. En cualquier caso, él se
convertirá en lo que quiera, con o sin mí. No
nos parecemos, ¿sabe?; él es rebelde, tiene
coraje, es decidido y a mí me gusta que sea
así. Mi mujer me quiere porque le despierto

esa clase de ternura que la hace dormir tranquila por las noches mientras se dice «Mauro es inofensivo, pero cómo me aburre». Aburro a todo el mundo y no lo puedo evitar. En el peor de los casos, incluso irrito. He dedicado la mitad de mi vida a acumular conocimientos y lo he hecho para no ser ese hombre tímido que la mitad de las veces no sabe de qué hablar. No se puede imaginar la cantidad de datos que tengo almacenados en mi cabeza. De historia, de medicina, de fotografía, de arte, de geografía, de música. Pero después uno se da cuenta de que todo eso no le importa a nadie, que solo hay otros dos o tres en toda la ciudad, tan aburridos como yo, con los que se pueda compartir ese conocimiento ingente. Pero, ¿sabe?, ya no puedo dejarlo porque he descubierto que me llena. Me entusiasma levantarme por las mañanas y acudir a una exposición de Matisse o a un concierto de Brahms, mientras miro todos esos cuadros y escucho esas notas, casi puedo tocar la sensación de estar vivo.

(Silencio largo.)

LA MUERTE   *(Con una de sus risitas cantarinas.)* Qué gusto oírle hablar, Mauro, qué tono de voz tan agradable. «Tocar la sensación de estar vivo»…, suena como una campana. Me quedaría aquí todo el día escuchándole. No me extraña que su mujer duerma tranquila por las noches. Es imposible no sentirse tranquilo a su lado. Usted piensa que nadie le echará de menos, pero ¿qué me dice de los porteros de esos museos a los que usted saluda con tanta amabilidad o qué me dice de ese cuadro de Matisse que se siente halagado al ser contemplado por usted?

MAURO   (*Con ternura.*) Le agradezco el esfuerzo, créame, pero usted y yo sabemos que no es suficiente.

LA MUERTE   Eso nunca se sabe. Hasta el final.

MAURO   (*Pensativo.*) El final. (*Pausa.*) ¿Sabe? Hay una cosa que sí me gustaría que se hubiera resuelto y me gustaría haber estado aquí para verlo.

LA MUERTE   (*Con mucha suavidad.*) ¿Y qué es?

MAURO   Verá: todos los domingos mi hermano viene a comer a casa. Y todos los domingos se repite la misma escena, como si esa comida fuera una especie de representación teatral y nosotros actores repitiendo un guion al pie de la letra. Nada más sentarnos a la mesa, digo algo que a mi hermano lo pone nervioso. Da igual de lo que yo hable: de algo que está saliendo en televisión o una pregunta sobre cómo le va en el trabajo. A partir de ese momento, la cara de mi hermano cambia y sé que tiene ganas de estrangularme. Esto sucede siempre a las dos y diez, aproximadamente. A las dos y veinte, mi hermano ha abierto su ronda de culpas, aunque yo no sepa a ciencia cierta de qué se me acusa, puede que sea simplemente que no soporta el hecho de que yo haya nacido. Pero como eso es algo que no tiene remedio, me limito a escucharlo e intercalo algún comentario con buena intención, pero que no logra tranquilizarlo. A las dos y media, no sé cómo, mi mujer se ha puesto de parte de mi hermano y ha encontrado una serie de cosas para echarme en cara también. Tal vez que ella se mata a cocinar y yo nunca le digo si me gusta la comida o la mala costumbre que tengo de no fijarme nunca en lo que lleva puesto. A las tres menos veinte, mi hijo ha tomado partido por mí y me está defendiendo como si se tratara de su propia vida. Es entonces cuando yo pienso «esto es una obra de teatro, ya hemos dado fin al primer acto y ahora empezaremos con el desarrollo». Hacia la mitad del segundo acto, sobre las tres en el reloj, mi hijo y mi mujer se han metido en una discusión hasta el cuello. Mi hijo dice, invariablemente: «me voy a largar de esta casa porque con una madre como tú no se puede respirar» y ella dice, «no seré yo quién te eche de menos» y a continuación mi mujer llora y para que no veamos que está llorando, se marcha a la cocina. A las tres y cinco, le pido a mi hijo que vaya a la cocina a pedirle disculpas, pero mi hijo se niega, así que voy yo, como si hubiera sido yo el que la ha ofendido. Mis intentos resultan vanos, mi mujer me rechaza, suele estar sentada en un taburete alto fumando un cigarrillo y al verla, lo que siento es que está subida en lo alto de una almena y yo muy abajo, en el valle, y lo peor de todo, es que yo no soy el príncipe al que ella está esperando. Hacia el final del segundo acto, casi las tres y media, regreso al salón. Mi hermano y mi hijo han estado haciendo las paces. Se ve por cómo hablan, por cómo están sentados. Juguetean con los tenedores, sonríen, se están mirando como si no lograran entender cómo pudieron pelearse media hora antes. Sobre todo mi hijo se está preguntando cómo pudo discutir con mi hermano por defenderme a mí. (*Pausa.*) Todo eso se ve cuando yo entro en el salón. De hecho, mi entrada parece romper la armonía y los dos se vuelven a mirarme. En la cara de mi hermano está de nuevo el deseo de estrangularme y en la de mi hijo hay una mezcla de contrariedad y de lástima. Hay una voz en el aire que dice: «ya ha vuelto este, vaya». (*Pausa larga.*) ¿Qué decir entonces para que la tierra siga girando y yo no me hunda del todo? Es ahí donde empieza el desenlace, a las cuatro menos veinte de la tarde me pongo a hablar de Thomas Mann y de cualquiera de sus libros: «La montaña mágica» o «La muerte en Venecia». Sé que a ninguno de ellos le importa lo más mínimo, pero yo hablo, para justificar de alguna manera…

(*Se interrumpe, agacha la cabeza porque se emociona. Silencio.*)

La Muerte   (*Con mucha delicadeza.*) ¿Qué, cariño?

(*Silencio.*)

Mauro   (*Habla despacio.*) Para justificar de alguna manera el hecho de que esté en ese salón y el hecho de que esté en este mundo, sé que ellos no me creen, pero quiero explicarles de algún modo que mientras uno sepa algo de algo, haya leído algún libro, haya captado la esencia de una fotografía o se sepa los ríos y costumbres de Asia, no sobra del todo. Porque podría ser que algún día uno de ellos necesitara saber quién inventó el fonógrafo o saber algún dato de la biografía de madame Curie. Y entonces ahí estaré yo para sacarlo de apuros. (Mauro *se echa a llorar. Pausa.*) ¿Por qué la gente nunca necesita saber nada de eso?, ¿por qué se conforma con el fútbol y con las chicas, con las series idiotas de televisión, con lo que cuenta la vecina de al lado?, ¿por qué nadie tiene curiosidad acerca de nada?, ¿por qué mi mujer solo está interesada en subirse a una almena y esperar, como si fuera una mujer antigua sin sentido ni contenido por ella misma?, si tan disgustada está ¿por qué no se baja de la almena y va a buscar lo que tanto desea?, ¿o por qué no sale a la calle, sola, con la cabeza bien alta porque consigo misma se basta? ¿De qué hablan mi hermano y mi hijo para entenderse en el salón, para mirarme con esas caras cuando entro, como si hubiera roto la estabilidad del universo? (*Pausa.* MAURO *se rehace.*) Y ahora el tercer acto: a las cinco menos cuarto, mi mujer regresa de la cocina con tazas y café, se nota que sigue con ganas de llorar, pero ha optado por la amargura a secas. Su entrada en el salón resucita a mi hermano y a mi hijo a quienes casi he logrado matar a fuerza de conocimientos. Mi mujer me mira y dice: «cállate ya, anda, los estás aburriendo, tomemos café». Mi hermano y mi hijo la miran con sincero agradecimiento. Entonces observo que ella no ha traído el azúcar de caña y me levanto y voy a buscarla. Ya sé que es una tontería o un capricho muy tonto, pero me gusta el azúcar de caña, ¿sabe?, porque es más sana. Cuando vuelvo, mi mujer dice «ya estamos con la chorrada del azúcar que tiene que ser de caña» y esa frase basta para que mi hermano me vuelva a mirar con ojos de asesino y la líe. A las cinco de la tarde llega el desenlace: mi hermano se marcha diciendo que no volverá, mi hijo ha vuelto a ponerse de mi parte y discute con su madre y dice que también se marchará, mi mujer llora y se esconde en la cocina. Se está bajando el telón cuando yo entro de nuevo a consolarla. (*Silencio.*) ¿Sabe usted lo que es una catarsis?

LA MUERTE   Creo que sí, pero me encantará que usted me lo explique. Tiene una voz tan bonita…

MAURO   Una catarsis es un cambio. Una catarsis es el momento culminante de una obra de teatro. Cuando la catarsis se produce en un escenario, el patio de butacas contiene la respiración porque están presenciando cómo el cobarde se vuelve valiente o cómo los dos hermanos se reconcilian por fin, o cómo se viene abajo la almena desde la que la mujer mira, o cómo el hijo deja de proteger al padre y suelta un grito que hace que los cristales de las ventanas estallen. Eso es una catarsis. (*Pausa.*) No me gustaría morirme sin presenciar nuestra catarsis de los domingos, ¿sabe? Porque uno no se va tranquilamente de este mundo cuando no ha logrado entender por qué no puede comer en paz con las tres personas a las que más quiere. (*Casi levantando la voz, con mucha emoción.*) ¡He visto nacer a mi hermano. He visto nacer a mi hijo. Y quiero a mi mujer! ¿Entonces qué es lo que pasa?

(*Silencio. La luz vuelve al resto del escenario.*)

TOBÍAS   (*Sin tanta rabia, casi con complicidad.*) Tío, tu mujer te la está pegando con tu hermano. Me apuesto lo que quieras. Y lo mejor que podías hacer, si sales de aquí, es hablar con ella y decirle que se largue con la música a otra parte. A tu puñetero hermano no lo vuelvas a invitar a comer, que se vaya a un restaurante, si quiere. Y en cuanto a tu chaval… (*Casi con vergüenza por hablar de sentimientos.*) ¡Joder, yo creo que te quiere, lo que pasa es que está el mamón de tu hermanito dando por culo y haciéndote la competencia!

LISA   No sabía que el azúcar de caña fuera mejor. Pero es muy interesante esa comparación entre la vida y el teatro. Y la vida, el teatro y la catarsis.

CORA   (*Muy tiesa.*) Mauro, en lo que usted se equivoca es en pensar que alguien va a dinamitar la almena de su mujer y los cristales de la ventana. Si quiere catarsis, tendrá que ser usted el que pegue el grito. (*Se vuelve hacia* LA MUERTE.) Está muy bien toda esta historia y usted pensará que merece la pena que Mauro siga viviendo, aunque solo sea para ver su catarsis, pero le diré una cosa: Mauro no va a ser capaz de producir ninguna catarsis porque no tiene sangre en las venas. No hay que ser muy inteligente para saber que el resto de su vida discurrirá de la misma forma: más comidas y más domingos y más peleas. Lo hemos escuchado todos y todos vemos lo que debería hacer. Todos menos él. No lo hará nunca y usted lo sabe. Se conformará con seguir siendo el hombre bueno y pasivo al que todo el mundo le pasa por encima. Sin embargo, yo…

TOBÍAS   Ya sabemos que usted es la única que se merece seguir viviendo de los cuatro. Se repite como un disco rayado, amiga. Ahora nos volverá a poner la cabeza gorda con que su cenita de esta noche y toda esa fuerza que usted derrocha. Pero este individuo no tiene por qué seguir así para los restos. Este individuo es alguien que sabe mucho y si ha sido capaz de leer todo lo que se ha escrito, también es capaz de coger un avión con sus conocimientos y buscarse la mejor colocación que exista, en el mejor sitio que exista. ¡Se puede hacer el amo! Lo único que necesita es salir de ese bodrio de comiditas domingueras, está rodeado de una mujer estrecha y de un hermano pelmazo y gracias a eso, no puede ver más allá de sus narices. (*A* MAURO.) Escuche, si usted y yo salimos de aquí, usted se va a venir conmigo de pesca. Iremos a pescar un domingo por la mañana, después nos tomaremos unas cervezas y luego comeremos con mis amigos. Le aseguro que se reirá de lo lindo, le llevaremos a un puti-club y cuando salga de allí, será un hombre nuevo, se le habrá ido a tomar por culo ese color rancio que tiene. (*Se quita la corbata, la chaqueta, se despereza. A* MAURO.) Macho, creo que me encuentro hasta mejor.

MAURO   Yo también. De hecho, voy a tener que salir de aquí para hacer mis necesidades. No veo por aquí ningún…

TOBÍAS   (*Con extrañeza.*) ¿Ya puede mear?

MAURO   Creo que sí. (*A* LA MUERTE. *Con apuro.*) ¿Le importaría que saliera un momento y luego vuelvo?

LA MUERTE   (*Con una sonrisa.*) Claro que sí, cariño.

(MAURO *sale apresurado, por la izquierda.*)

CORA   (*A* LA MUERTE. *Con desconfianza.*) No significará esto que no va a volver y que solo quedamos tres candidatos, ¿no? ¿Y qué tal si yo lo digo que tengo que salir a tomarme una aspirina? He sufrido una apoplejía, ¿recuerda?

LA MUERTE   (*Ríe.*) Qué cosas tiene usted.

CORA   A mí no me la da, señora. Ese hombre no va a volver. Usted ha considerado que su caso le hace digno de seguir en este mundo. Muy bien, entonces le contaré el mío.

LA MUERTE   Estoy deseándolo, Cora. Además, ya no queda tanto para que suenen los primeros truenos y entonces tendré que irme.

LISA   (*Con aire soñador.*) A ver a su amiga la pianista ...

LA MUERTE   (*Con aire soñador pero muy contenta.*) Sí, mi amiga la pianista.

LISA   ¿Cuánto tiempo hace que la conoce?

(*A partir de aquí la luz se centrará en* LA MUERTE *y* LISA. *El resto quedará en penumbra.*)

LA MUERTE   Oh, no mucho. Hace un mes un hombre cayó como fulminado por un rayo en mitad de un pub que está en la costa, el O´Henry. Y mientras todo el mundo se arremolinaba alrededor de él, la pianista se quedó mirándome desde detrás del piano, sin levantarse. Me miraba con miedo, pero el miedo la hacía preciosa y pequeña. Parecía una niña que mirara al mar. Cuando recogí al hombre para llevármelo, pasé a su lado y la rocé, no pude evitarlo.

LISA   ¡Qué bonito! Yo también la miraré como a un mar cuando llegue el momento. «¡El momento¡». Suena bien. Cuando la vi llegar pensé «qué extraño». Yo me la había imaginado alta como un pino, con un vestido de fiesta rojo, con sandalias de tacón y una copa en la mano, con un bolsito pequeño de lentejuelas y el pelo recogido en un moño muy elegante. Como una mujer de esas que sabe divertirse, pero con mucha clase. No tengo ni idea de por qué me la he imaginado siempre así, ni entiendo del todo por qué la gente la imagina como todo lo contrario: vestida de negro como una monja o una institutriz. Siempre la he relacionado con algo distinto, original, fresco. (*Pausa.*) No estoy del todo preparada para ese bolso enorme que usted lleva ni ese traje de chaqueta marrón. No será funcionaria…

LA MUERTE   (*Riendo.*) Bueno, un poquito de eso sí que tengo. Yo también ficho. Soy implacable con los horarios.

LISA   Pero tiene sentido del humor.

LA MUERTE   Sí, eso sí.

LISA   Y si es alegre, ¿cómo puede ser lo del cadáver embalsamado de aquel hombre que vi en el museo? Se notaba que usted lo había sorprendido chillando, con la cabeza hacia atrás, con los dientes apretados, con las manos crispadas. ¿A usted no le parece indigno tener que llevarse a alguien de esa manera porque lo ha sorprendido en la cocina de su casa discutiendo con su madre porque está harto de comer judías verdes?

LA MUERTE   (*Con gesto travieso.*) A veces no tengo más remedio que pillar a la gente a traición.

LISA   (*Pensativa.*) No lo sabía…, pero claro debe de ser por eso. Sin embargo, ahora está usted siendo muy delicada, dándonos este rato para charlar un poco. Pero por más que pienso no se me ocurre qué podría decirle. ¿Qué se dice al final? Quizá si sonara un poco de música, me sentiría más cómoda, como cuando se hundió el Titanic. Además, a mí eso de dar razones no se me da bien, todo es confuso, como si estuviera flotando varios metros por encima del suelo y fuera difícil atraparlo. Atrapar las palabras, las cosas que ocurrieron, que ocurren, ponerle a alguien como usted la verdad delante. ¿Y cuál es la verdad?, ¿quién la sabe? Tampoco se me da bien concretar ni decidir por qué tendría que seguir aquí. Es mejor dejar que pase lo que tenga que pasar y si muero, hacerlo de un modo dulce y sereno, lástima que no pueda ser también con un cigarrillo en la mano. (*Silencio.*) Si quiere, puedo hablarle de mi viaje a Cartagena de Indias.

La Muerte   (*Encantada.*) ¡Ah, Cartagena de Indias!

Lisa   (*Pensativa.*) Sí, ¡qué sitio tan precioso! (*Silencio.*) Verá, no está bien que le diga esto porque puede pensar que me las doy de lista, pero Plutón está transitando por mi signo y eso hará que las cosas se pongan difíciles para mí, morirse sería demasiado fácil. No tendría más que cruzar esa puerta con usted de la mano y seguir soñando que cogemos un taxi y nos vamos de fiesta.

La Muerte   (*Ríe, extrañada.*) ¿Plutón?

Lisa   Sí, Plutón. Es un planeta, aunque el hombre que se ha ido, haya dicho que ya no lo es por no sé qué motivos. (*Pausa.*) ¿Por qué mejor no habla usted y me cuenta qué es exactamente lo que pasa al otro lado? ¿Es divertido?

La Muerte   (*Desenfadada.*) No se pasa mal.

Lisa   En realidad, yo tampoco lo paso mal aquí. Yo nunca lo paso mal. (*Silencio.*) Cuando era pequeña todas las tardes me detenía delante del escaparate de una pastelería. En el escaparate, había una tarta de bizcocho que tenía una franja amarilla en medio. Yo pensaba que esa franja amarilla debía de saber a algo parecido al verano, o incluso mejor. (LA MUERTE *ríe.*) Todas las tardes durante más de un año, le pedí a mi madre que me comprara un trozo de aquella tarta. Imaginé que me lo comería sentada a la mesa del salón, con ella al lado. Imaginé que mientras me lo comía, mi madre sonreiría como si lo estuviera disfrutando tanto como yo. Le diría «no puedo ni siquiera explicarte cómo sabe de bien este trozo de tarta», pero en realidad no haría falta porque si nos comemos algo con alguien al lado que también nos gusta mucho, por fuerza tiene que sabernos muy rico. Sería como si la tarta y la compañía de mi madre se fundieran en una misma cosa.

LA MUERTE   (*Vuelve a reír, soñadora.*) ¡Como el cielo!

LISA   Sí, algo parecido al cielo. (*Silencio.*) Pero mi madre dijo que no iba a comprarme la tarta. No sé por qué dijo aquello. No entendí demasiado bien por qué se negaba a algo que sería tan bueno para las dos. Pero no me importó y seguí insistiendo hasta que por fin una tarde, ella accedió. No se puede imaginar qué alegría. Recuerdo que salimos de la pastelería con el trozo de tarta envuelto en un papel blanco y me parecía que volábamos o que nos deslizábamos por la acera. Me sentía tan contenta que ni siquiera podía hablar. ¿Qué se puede decir cuando un deseo se está haciendo realidad? Después llegamos a casa y mi madre sacó el trozo de tarta. Quiso llevarlo a la mesa del salón, pero yo le dije que todavía no, que esperase un poco porque quería mirarlo y regodearme un rato antes de comérmelo. Ya sabe, esa sensación tan agradable que se tiene antes de salir de viaje, cuando una todavía está soñando con lo que hará y lo bien que lo pasará. Miré el pastel con detalle, hasta casi aprendérmelo de memoria. Tenía aquella franjita amarilla en medio del bizcocho, tan gustosa. Le pregunté a mi madre de qué estaría hecha aquella franjita, como si le estuviera preguntando de qué está hecho el verano y entonces ella dijo: «de crema», y yo pregunté «¿de qué clase de crema?» y ella contestó «de crema pastelera». Había algo que no cuadraba, así que le volví a preguntar: «¿de crema pastelera?» y ella dijo «o de mantequilla». (Con mucha extrañeza.) «¿De mantequilla?, ¿está hecho el verano de mantequilla?», pensé. Cómo iba a estar hecho el verano de mantequilla, por fuerza tendría que estar hecho de muchas más cosas para que supiera así, un verano no sabe así de bien porque sí. Mi madre acabó perdiendo la paciencia y dijo «no le des más vueltas y cómete de una vez el pastel» y lo puso sobre un plato y lo llevó a la mesa del salón. Yo me senté delante de él, cerré los ojos y crucé los dedos. «Que este momento no pase nunca, que dure siempre», me dije y luego los abrí esperando encontrar a mi madre sentada al lado. Entonces llamaron a la puerta y mi madre fue a abrir. La escuché hablar con un hombre en el pasillo, primero hablaron como si fueran amigos y después discutieron y después otra vez como si fueran amigos y después se quedaron callados. Luego mi madre entró en el salón y me dijo «tengo que salir, llamaré a la vecina para que se quede contigo». Mi madre se fue, la vecina vino y yo salí a la puerta de la calle y me comí el pastel. Al principio no me supo bien, pero dos minutos después me fijé en las ventanas de la casa que tenía enfrente y me di cuenta de que tenían unos visillos muy bonitos, con encajes y puntillas. Imaginé que aquella casa era de chocolate y que yo me iba a vivir allí porque de repente prefería esa casa a la de mi madre.

LA MUERTE   (*Con alegría.*) ¡Hum, una casita de chocolate!

LISA   Sí. Se vivía muy bien allí. (*Silencio.*) Todavía vivo allí. (*Silencio.*) Creo.

(*Silencio.* TOBÍAS *entra repentinamente en el círculo que ilumina a* LA MUERTE *y a* LISA.)

TOBÍAS   No puedo creerlo. Así que una casita de chocolate.

LISA   Sí, ¿qué tiene de malo?

TOBÍAS ¿Que qué tiene de malo? ¡Lo tiene todo!

LISA (*Asustada.*) No le entiendo.

TOBÍAS Se lo explicaré en términos que le resulten más familiares. Entre otras cosas, cielo: una casita de chocolate se derrite con el calor y si hace mucho frío, adquiere una textura desagradable.

LISA Sigo sin entenderlo.

TOBÍAS Se lo diré de otra manera: lo que usted necesita es una buena bofetada. Una de esas tortas que le obligan a uno a preguntarse si su cara será su cara y si lo que le ha golpeado será una mano o una pared de hormigón. Usted, amiga mía, lo que necesita es abrir los ojos. ¡Vive en la inopia!

LISA (*Aturdida. A* LA MUERTE.) ¿Por qué me habla así? (LA MUERTE *se encoge de hombros y sonríe. A* TOBÍAS.) ¿Por qué me habla así?, ¿le he hecho yo algo para que me hable de bofetadas y de paredes de hormigón?

TOBÍAS Escuche, mientras usted se pasea por su casita de chocolate, el mundo sigue girando. La gente se mata en accidentes de tráfico, hay niños que mueren de hambre o de leucemia, las prostitutas se hielan de frío en las aceras y hay personas que no tienen dinero para llegar a fin de mes y les embargan todo lo que les queda. Mientras usted se pasea por su casita de chocolate, yo me hago mil doscientos kilómetros en un solo día para inspeccionar viñas y explicarle a tíos maleducados cómo tendrían que regular sus putos regadíos y luego me voy a cualquier hotelucho y duermo, muerto de cansancio, sobre sábanas sucias. Y ahora, vayamos al grano, ¿qué coño pasó con su madre?, ¿volvió a los diez minutos o se largó con el tío al que estaba besando en el pasillo?

LISA   (*En el estupor más absoluto.*) ¿Besando?

TOBÍAS   ¡Sí, besando! Usted ha dicho que primero los escuchó hablar como amigos, luego discutieron, luego se hicieron amigos de nuevo y luego se quedaron callados. ¿Va a decirme que ha llegado hasta aquí creyendo que en ese pasillo nadie se besó? No, puede que no se besaran. Lo que sucedió es que el individuo aquel metió los dedos entre las bragas de su madre y su madre estuvo a punto de correrse y por no hacerlo en el puñetero pasillo porque su niña estaba en el salón sentada delante de un pastel, recurrió a quitarse de en medio y avisar a la vecina. Y mientras la niña se comía el pastel en la puerta de su casa y empezaba ya a pasearse por la casita de chocolate, su madre se corría por fin en algún portal. (*Silencio.* LISA *sigue en el estupor y* TOBÍAS *la mira fijamente, con fiereza.*) ¿No va a decir nada?

LISA	…
TOBÍAS	Déjeme que acierte: apostaría lo que fuera a que su madre no volvió. Ahora ella le escribe postales por Navidad, pero la muy puta sigue prefiriendo los portales a su niña soñadora de dulces y pasteles.
LISA	…
TOBÍAS	¿Por qué no grita de una jodida vez?, dígame. ¿Por qué no escupe esa vida suya de tacitas de té y viajecitos a Cartagena de Indias y reconoce que su jodida vida es tan miserable como la de cualquiera y que ni Plutón, ni el azúcar de caña, ni sus estúpidas reflexiones acerca de la muerte de los demás le van a servir de nada? ¿Por qué cree que usted no puede morir chillando como aquel tipo del museo? (*Silencio. A* LA MUERTE.) ¿Por qué no le dice usted que tiene más papeletas que nadie para morir chillando?
LISA	(*Sin mirar a* TOBÍAS, *sin levantar la voz.*) Cállese de una vez.
TOBÍAS	(*A* LA MUERTE.) Me apostaría el cuello a que esta mujer no ha estado en su puñetera vida en Cartagena de Indias, que su hombro derecho está sano como una rosa y que si alguien le disparó alguna vez fue aquel maldito pastel que se tuvo que comer sola.

(Silencio.)

LA MUERTE   (*A* LISA. *Con mucha dulzura.*) ¿Se lo cuento, cariño? (LISA *baja la cabeza. A* TOBÍAS.) Me gusta respetar los deseos de los demás. Ella quería creer que le habían disparado en un hombro y yo me dije «por qué no si es lo que ella quiere». (*Como disculpándola.*) Está aquí porque se ha dado uno de sus atracones y le ha sentado un poquito mal.

(TOBÍAS *mira a* LISA *con cierta compasión.*)

TOBÍAS   Escuche, pequeña, si salimos de aquí con bien, usted y yo nos vamos a ir a ver un buen combate de boxeo donde gritaremos groseramente con un montón de tipos bastos como estropajos. Después nos iremos a comer unos cuantos bocadillos de panceta y dejaremos que la grasa nos chorree por la barbilla y cuando nos esté llegando hasta el cuello, nos la limpiaremos con el dorso de la mano y eructaremos. Después nos cogeremos la melopea del siglo y saldremos a la calle insultando a todo el que se cruce en nuestro camino, por el puto gusto de insultar. Diremos tacos hasta que se nos caiga la boca, destrozaremos dos o tres discotecas y al amanecer, estaremos en el zoo metiendo su cabeza en la boca de un león. Y me extrañaría mucho que después de eso, no despertara.

LISA   Quiero irme. No soporto todo esto. (*A* LA MUERTE.) Quiero irme con usted y acabar de una vez. Creo que no hace falta que usted espere a que suenen los primeros truenos, podemos irnos ya. No estoy hecha para estar aquí. Además, mi madre murió hace un año y me gustaría verla y decirle unas cuantas cosas, ya que no pude hacerlo cuando estaba viva.

LA MUERTE   (*Con mucha suavidad.*) Lisa, cariño, tu madre no ha muerto aún.

(*Silencio.*)

LISA   (*Levanta la voz por primera vez.*) ¡Ha muerto! ¡Sé que ha muerto! ¡Hace un año que no me escribe! ¡No me escribe porque ha muerto! ¡No hay otra explicación!

(*Silencio.* LISA *sale del círculo de luz, cabizbaja, y camina hacia la penumbra.*)

TOBÍAS   (*A* LA MUERTE.) Deje que se quede. Sé que está un poco perdida la pobre, pero déjela seguir. Al fin y al cabo, un atracón no tiene por qué matar a nadie. Usted lo sabe, es mucho peor lo mío o lo de la tía esta de la apoplejía.

(*La luz vuelve a todo el escenario.* LISA *ha ido a refugiarse a un rincón.* CORA *está en cuclillas en el suelo como al empezar la obra y sus pies se mueven como si tuvieran un tic nervioso.*)

CORA   (*Se levanta. A* LA MUERTE.) Llevo una hora intentando hablar con usted y me gustaría saber por qué no me deja. Están hablando todos menos yo.

LA MUERTE   No debe preocuparse. A veces es mejor quedarse para el final.

CORA   ¿Por qué?, si se puede saber.

LA MUERTE   (*Como pensando.*) En fin, no sé…, quizá porque uno tiene más tiempo para pensarse las cosas.

CORA   No necesito más tiempo para pensarme nada. Yo no soy como ellos; inseguros, frágiles, cobardes. ¡Yo quiero vivir! Si después de oír todo lo que estoy oyendo, usted decide llevarme a mí es que no hay justicia en este mundo ni en el otro ni en ninguno. ¡Entonces es que usted es una majadera, una inepta que no sabe lo que se hace!

TOBÍAS   (*Riendo.*) Se está usted cavando su propia tumba, hermana.

CORA   ¡No soy su hermana!

LA MUERTE   Vamos, Cora, está usted nerviosa y angustiada, y por eso habla así, pero no perdamos más tiempo en discutir, por favor, la tormenta no tardará en llegar.

TOBÍAS   ¡Muy bien, hablaré yo, aunque solo sea para jorobar a esta tía!

CORA   ¡Es increíble!

TOBÍAS   Sí, señora mía, todo lo increíble que usted quiera, pero haría bien en creérselo porque está ocurriendo. He decidido que hablaré yo y punto. (*La luz empieza a caer sobre* LA MUERTE *y* TOBÍAS.) Veamos, (*Recalcando los nombres.*) Cati o Susi, ¿qué quiere saber? Contaré aquí lo que haya que contar, pero le advierto que mi vida es un libro abierto, por no decir un coñazo. Y aún más importante, le advierto que el que va a largarse con usted seré yo y no admito discusiones. ¿Por qué? Porque estoy hasta las narices de estar aquí, de estar allí y de estar en todos lados. Estoy hasta los cojones de hacer kilómetros visitando viñas y el que no es tonto sabe cuándo ha llegado el momento de retirarse. No sé si me entiende.

LA MUERTE   Cómo no, cariño.

TOBÍAS   Estupendo entonces. Y ahora vayamos al meollo de la cuestión, ¿qué quiere saber?, ¿qué más necesita que le cuente? No diga que no le estoy facilitando las cosas.

LA MUERTE   (*Con alegría.*) Eso es verdad, Tobías, usted siempre me las facilita. (*Silencio.*) Porque usted se acuerda de mí, ¿verdad? (*Silencio.*)

¿No se acuerda de aquella tarde en que usted puso el coche a doscientos y algo se le cruzó en la carretera? Era yo, cariño, y usted lo sabe, aunque se esté haciendo un poquito el tonto, aunque usted luego le contase a los demás que se quedó dormido al volante y que despertó en la cuneta viendo lucecitas blancas. (*Suelta una risita cantarina.*) Usted sabe que no se trató de quedarse dormido y que fui yo la que estuvo allí en aquella carretera. Sería imposible que hubiera olvidado aquello porque fue un encuentro muy intenso y tuvimos una conversación breve, pero sustanciosa. Se acordará de que también en aquella ocasión estaba usted empeñado en venirse conmigo y que incluso tuve que utilizar una de mis tácticas de choque: besarlo en la boca para que el frío lo despertara. Ya sabe: aquellas lucecitas blancas. (*Silencio. Con mucha delicadeza.*) Se acuerda de lo que hablamos aquella tarde, ¿no? (*Silencio.*) Se acuerda, ¿verdad?

TOBÍAS   (*Tajante. Sombrío.*) Sí.

LA MUERTE   Usted me contó que había tenido la culpa de que una persona muriera, que habría podido evitarlo, pero no lo hizo. (*Silencio.*) Miriam, ¿no? (*Silencio.*) Sí, lo recuerdo muy bien: se llamaba Miriam. Usted me contó el día de la muerte de Miriam, me dijo que hacía sol y el cementerio estaba lleno de gente.

Aquella tarde, conmigo en el volante, usted recordó muchas cosas: los ramos de flores que le regaló a Miriam, las tardes que fueron juntos al cine, las risas, las excursiones, los pies de Miriam cuando se levantó a beber un vaso de agua en mitad de la noche, las manos de Miriam sobre una mesa, el pelo de Miriam, los pechos de Miriam, el anillito que Miriam llevaba en el dedo corazón. Me contó que a Miriam le gustaban los caramelos de fresa y las playas, a Miriam le gustaba África y el calor y los rinocerontes. Y que Miriam era muy remilgada con las palabras, así que cuando usted quería hacerla rabiar decía todos esos tacos que usted dice: (*Con una risita y en un tono tan dulce que los tacos en su boca resultan absurdos.*) joder, coño,... (*Pausa.*) En fin ... Mientras usted recordaba todo eso para mí, aquella tarde en la carretera, nos reímos. Sí, nos reímos porque a usted le hacía mucha ilusión recordar todas esas cosas y a mí me gustaba mucho escucharle. Luego me dijo «¡Echo de menos a Miriam¡». Y yo lo miré y me di cuenta de que sí, de que llevaba el nombre de Miriam tatuado en la frente y que todo lo que había a su alrededor seguía oliendo a Miriam y sabiendo a los caramelos de fresa de Miriam. Miriam en la calle, Miriam en su casa, Miriam en un café, Miriam en la cama... (*Pausa.*) Pero ya ha pasado tiempo de eso, le dije. ¿Se acuerda?

TOBÍAS   (*Tenso.*) No.

La Muerte   (*Como restándole importancia.*) ¡Claro que se acuerda, cielo! En realidad, no se ha acordado de otra cosa en todos estos años.

Tobías   (*Igual.*) Qué indiscreta es usted. Qué hijoputez airear lo que un día nos contamos. ¿De qué le sirve hacerlo? Sabe de sobra que estoy enamorado de usted y que mi enamoramiento es largo y persistente. Quise matarme entonces y he querido matarme ahora. ¿Por qué viene a restregármelo por las narices? Creo que la cosa está clara: quiero irme y se lo llevo diciendo desde que entró aquí.

La Muerte   (*Con aire soñador.*) ¡Qué dulce estaba usted aquella tarde hablando de Miriam! De buena gana me lo habría llevado.

Tobías   ¿Por qué coño no lo hizo?

La Muerte   Porque entonces usted me contó lo de la noche que Miriam murió…

Tobías   (*La interrumpe.*) Si sigue con esto, le juro que…

La Muerte   No se ponga así, Tobías, por favor. No me mire con esos ojos tan fríos y condenatorios. Porque me duele. Recuerde que soy yo y que somos viejos amigos. No puede tratar así a los viejos amigos. No se preocupe, nadie nos está escuchando. Esas dos mujeres están en sus cosas. La pobre Cora está pensando qué esgrimirá para mí cuando le toque su turno y la pobre Lisa está intentando digerir los dos mil pasteles que se ha comido y vomitado hasta aquí. Estamos solos usted y yo, como entonces, en aquella carretera. Vamos, échele un poquito de valor, el mismo que le echa a todos esos kilómetros que se hace en un día para visitar viñas. Es su turno y sería imposible que tratándose de su turno no habláramos de culpas. Culpas por esto y culpas por lo otro, cariño. (*Divertida.*) ¡Usted tiene la culpa de todo! Tiene la culpa de que la mujer a la que amaba muriera una noche repentinamente, justo media hora después de que ustedes dos hubieran discutido por aquellos tacos que usted soltó. Pero Tobías, cariño, me llevé a Miriam porque quise y porque me la tenía que llevar y nadie habría podido hacer nada por evitarlo. Aunque usted hubiera estado aquella noche, en aquel instante, con ella, habría ocurrido lo mismo. ¿Por qué no quiere entenderlo? ¡Qué cabezota es!

TOBÍAS   ¿Va a decirme que tampoco tengo la culpa de que un camionero haya muerto hoy en el kilómetro 27 de la autovía del este?

LA MUERTE   ¡Ah, el camionero! Sí, pobre hombre, estaba deshecho… Pero ese camionero… en fin, vamos a dejarlo, no me parece bien contar cosas íntimas de otras personas. El caso es que tenía que irse también. ¿Por qué cree que todo lo que ocurre, la vida o la muerte de los demás, tiene que ver con usted? No es tan importante, cielo. Le diré una cosa: (*Baja la voz, en tono confidencial.*) le he utilizado a usted para llevarme a ese camionero, me he dicho «ahora que Tobías se empeña en poner su coche a doscientos, aprovecharé para llevarme a ese hombre que ya está sobrando en este mundo». Usted no ha tenido ninguna culpa, la decisión la he tomado yo.

TOBÍAS   ¿Y qué quiere?, ¿que le dé las gracias? ¡¿Qué coño es lo que quiere de mí, joder?!

LA MUERTE   (*Traviesa.*) ¿Y si no quisiera nada? ¿No se da cuenta de que es usted el que me llama una y otra vez y que yo acudo porque usted me llama con tanta fuerza que no puedo ignorarlo?, pero a decir verdad, no se lo tome usted a mal, me tiene un poquito cansada. Tengo mucho trabajo para mí sola, ¿sabe?, y entonces aparece usted otra vez llamándome a gritos y tengo que dejarlo todo y acudir a dónde esté y convencerlo de nuevo de que no, de que no ha llegado su hora. (*Con cara de pena.*) De verdad que lo siento, Tobías. Es inútil que ponga su coche a tanta velocidad. Y si insiste en hacerlo, lo único que conseguirá es que lo vuelva a utilizar para llevarme a más camioneros, a más taxistas, ciclistas e incluso viejecitas despistadas.

TOBÍAS   Escuche, desde Miriam, todo lo que toco se rompe. Supongo que sabrá que después de

Miriam hubo otras y que a todas les ocurrió algo por mi culpa: discutí con Amparo y entonces ella enfermó de los ojos, discutí con Olalla y enfermó de los pies y luego discutí con Isa y tuvo un accidente y discutí con Carmen y se volvió loca.

LA MUERTE   Tobías, por favor, no sea tan trivial. ¿Por qué se empeña en parecer un poco tonto? A Amparo solo le salieron unos orzuelos y hubo que operarlos, sí, pero poco más y a Olalla unos cuantos callos, latosos, eso sí. En cuanto a Isa simplemente se calló de una silla cuando estaba cambiando aquella bombilla y es cierto que fue una caída algo aparatosa... En fin... ¿Y Carmen?..., ¿qué decir de la pobre Carmen?, ya estaba loca cuando usted la conoció. ¿Por qué desde Miriam tiene que fijarse en todo eso? Le vuelvo a decir que no es culpable. Si acaso, será culpable de discutir con todo el mundo.

TOBÍAS   ¡Da igual! (*Coge a* LA MUERTE *por la solapa de la blusa.*) ¡Va usted a llevarme le guste o no!

LA MUERTE   (*Muy dulce.*) No.

TOBÍAS   ¡He dicho que sí!

LA MUERTE   No.

TOBÍAS   ¡Voy a marcharme de aquí con o sin usted! ¡No tengo ningún derecho a estar aquí! ¡No tengo nada que hacer ya! ¡No tengo ganas de seguir aquí haciendo daño a todo el mundo! ¡Echando de menos o discutiendo! ¡Estoy hasta los cojones de echar de menos y de discutir! (*Se emociona.*) Podría remover la tierra entera y no encontraría a nadie... a nadie...

LA MUERTE   (*Con mucha suavidad.*) Como Miriam...

TOBÍAS   ¡Sí, como Miriam! Usted no sabe lo que es levantarse cada mañana y mirarse en el puto espejo y sentir que te falta alguien. Da igual lo que usted diga, si aquella noche ella y yo no hubiésemos discutido por el jodido taco de mierda, ella se habría puesto enferma sentada en aquella cafetería, conmigo. La habría podido llevar... (*A duras penas controla la emoción.*), la habría llevado donde coño hubiera hecho falta, la habría esperado la puta eternidad en el vestíbulo de un hospital o en la calle, aunque cayeran chuzos de punta. Y luego la habría devuelto a nuestra casa y a nuestra cama y habría velado su sueño hasta caer muerto de cansancio en lugar de hacer lo que hice: irme a un sitio de copas y ponerme de vodka hasta el culo mientras soltaba sapos y culebras por mi boca: «la gilipollas esta que no aguanta ni medio pelo, quién se habrá creído que es». Estaba apoyado en la barra mientras Miriam se moría en el autobús que la llevaba a casa. No hay lugar en el que esconderse, ¿entiende?, no hay lugar... en el que esconderse...

LA MUERTE   (*Suspira.*) ¡Cómo me fatiga, cariño! Veamos, ¿y si le dijera que dentro de poco conocerá a alguien a quién no le saldrán orzuelos, ni callos, ni tendrá la tonta manía de cambiar bombillas ni de morirse antes de los noventa, ni tendrá ganas de discutir con usted? Es más, ¿y si le dijera que necesitará que usted le regale flores y que incluso a usted le apetecerá regalárselas?

TOBÍAS   ¡Si hay alguien así, que le den por el culo!

(*Silencio.*)

LA MUERTE   Nunca me enfado, cielo, nunca hago nada por rabia, ni actúo de forma arrebatada y sin consideraciones, pero creo que en su caso no estaría de más que yo hiciera una excepción.

(*Silencio.*)

TOBÍAS   (*Con satisfacción.*) No se arrepentirá. Se quitará un peso de encima.

(*Silencio.*)

LA MUERTE   ¡Dios mío, qué calor hace aquí! (*La luz vuelve al resto del escenario.* CORA *está paseando cada vez más nerviosa.* LISA *se ha sentado en un rincón.* LA MUERTE *se encoge de hombros y vuelve a un total desenfado.* A todos.) No sé si ustedes saben que cuanto más cerca esté la tormenta, más calor hará porque solo en el punto más álgido empiezan a serenarse las cosas. ¿No tendrá alguno de ustedes un abanico?

CORA   (*Va hacia ella.*) Si usted se empeña en no dejarme hablar, le aseguró que saldré yo a por ese abanico y no volverá a verme el pelo.

LA MUERTE   (*Con naturalidad.*) Lo sé.

CORA   Bien, ¿entonces?

(CORA *y* LA MUERTE *se miran fijamente, en silencio, mientras el círculo de luz se centra en ellas dos.*)

LA MUERTE   ¡Oh!, sabe que no me he olvidado de usted.

CORA   Quién lo diría.

LA MUERTE   (*Ríe.*) No sea tan desconfiada, Cora. Y ahora veamos, repasemos un poquito su caso: usted ha sufrido una apoplejía mientras se lavaba el pelo en su casa y cantaba porque esta noche tiene una cita de negocios, ¿verdad?

CORA   Tenía. Usted ha hecho que mi cita se vaya al cuerno. Ya no llegaré a tiempo de ninguna de las maneras. Sin embargo, ese tal Mauro salió de aquí hace ya una eternidad y a estas horas no solo estará meando sino comiendo una vez más con su familia.

LA MUERTE   (*Muy contenta.*) Así es.

CORA   Está visto que usted no mira por los valientes sino por los cobardes. A usted le da lo mismo que la gente tenga algo por lo que luchar y que tenga fuerzas para hacerlo. No, usted mira por la gente acomodaticia. Prefiere que alguien como Mauro lo siga intentando porque... ¿Por qué?, ¿Porque tal vez algún día saldrá de su vida de plástico y de sus sobrecitos de azúcar de caña?

LA MUERTE   (*Igual.*) ¡Claro que sí! ¿Por qué no habría de hacerlo?

CORA   Me extraña que una mujer como usted, porque usted no deja de ser una mujer, ¿verdad?, vestida de un modo casi vulgar, con una sonrisa indulgente y mentirosa, crea en milagros. En una nueva vida para la gente como Mauro. Le diré una cosa: a mí no puede engañarme. Sé que usted no es lo que finge ser o, al menos, como finge ser. No dudo que dentro de unos minutos estallará la tormenta y se acabará el calor y creo que entonces podremos verla con más claridad, se quitará usted la careta, borrará esa sonrisa de su cara, ese tono de quien se pasea por el bosque con una cestita en la mano y la escucharemos hablar con autoridad. *(Pausa.)* Y yo me alegraré. Porque siempre he preferido saber a quién tengo delante. Me defraudaría mucho descubrir que usted, a quien quizá tenga la mala suerte de acompañar, no tiene firmeza. A mí me avergonzaría llegar aquí y decir que he perdido el papel donde llevaba anotado el nombre del elegido, pedirle a todo el mundo que se ponga a hablar y a contar sus miserias para que yo sea capaz de tomar una decisión. *(Silencio.)* No es eso, ¿verdad? Está usted representando un papel desde que entró por esa puerta. Estoy convencida de que sabe desde el principio a quién ha venido a llevarse. *(Silencio.)* ¿No es así?

LA MUERTE   *(Con una sonrisa.)* Puede, cariño.

CORA   Bien, entonces hablemos claro. No hay ninguna necesidad de que yo argumente las razones que tengo para seguir viviendo.

LA MUERTE   ¿Y por qué no?

CORA   Sigue usted disimulando. ¿Qué más da que yo le diga que la cita de esta noche a la que ya no llegaré, era importante para mí porque podía significar la culminación de todos mis esfuerzos? Usted sabe mucho más de lo que aparenta y sabe que llevo media vida luchando por hacerme un hueco en mi profesión porque soy ambiciosa, porque soy egoísta y porque no me distingo precisamente por mis escrúpulos. Pero al menos, yo lo reconozco. Y creo que soy la única capaz de reconocer algo. No hablaré ya de Mauro que se ha largado pero dígame usted si este hombre (*Señala a* TOBÍAS.) reconoce algo. Se ha pasado la vida discutiendo con todo el mundo, como si todo el mundo tuviera la culpa de que él hubiera perdido a su amorcito. Usted y él nos han hecho creer que se siente culpable de todo, hasta de los orzuelos que tuvo una de sus novias, pero en el fondo está convencido de que son las viejas, los ciclistas y los camioneros los que han de pagar el pato por lo que él perdió. (*Pausa.*) En cuanto a esa mujer (*Señala a* LISA.), no quisiera echarle más tierra encima porque ya bastante tiene. Ha vivido enterrada en un pozo varios metros por debajo del suelo como si el pozo fuera una casita de chocolate, pero se nos ha hecho creer aquí que vivía en las nubes y en los sueños ...

LA MUERTE   Las cosas se pueden ver desde muchos ángulos.

CORA   Sí, muchos, pero ¿está usted segura de que también se puede producir para ella alguna clase de milagro?, ¿cree que aún tendrá tiempo de escarbar con los dientes o con una cucharilla de comer pasteles toda la tierra que la aplasta? Todo lo que aquí se está contando son razones mentirosas.

LA MUERTE   Cariño, es usted la única que busca razones. El pobre Mauro se limitó a pedir un deseo, quería su pequeña catarsis. Tobías no ha hecho más que decir que quería irse y hasta ha habido que presionarle para que diera alguna razón. Y Lisa... no hay razones en alguien que sueña. (*Silencio.*) ¿No quiere saber por qué la he dejado para el final?

CORA   Supongo que en el fondo soy el plato fuerte de la función. A todo el mundo le gustará ver cómo suena de repente el primer trueno y el personaje más antipático es el que muere. El público se irá contento a su casa. «Sí, Cora era la que tenía que morir, tan egoísta desde el principio, una tía a quien solo le interesaba su profesión, el dinero, una tía que no tenía una madre ni un amor ni una familia a la que querer, simplemente una arribista de mierda, qué bien ha estado que LA MUERTE se la llevara a ella».

LA MUERTE   (*Como si no la hubiera oído.*) ¿No quiere saber por qué la he dejado para el final?

CORA   (*Hace el gesto como de quien tira la toalla.*) Usted manda.

LA MUERTE   (*Como muy contenta de poder contárselo.*) Cora, cariño, ahora ha tenido usted tiempo de pensar y ya que le da tanta importancia a las razones, yo creo que también ha tenido tiempo de ver cuáles son las suyas de verdad. Usted dice que todo esto es una patraña y que yo estoy mintiendo, pero no me diga que usted no nos está mintiendo también.

CORA   Qué más da si usted tiene su decisión tomada desde que llegó.

LA MUERTE   Claro que sí, cariño, claro que la traía tomada, y usted se merecería llegar al puesto que quisiera en esa empresa porque es... (*Con auténtica admiración.*) muy inteligente. Pero a mí me gustaría que me diera sus razones, no las que traía cuando llegó aquí sino las que tiene ahora desde que me oyó hablar del pub O´Henry y de la pianista que trabaja allí. (*La anima, con mucha alegría.*) ¡Vamos, Cora, tiene usted las mejores razones que existen para vivir y salir de su apoplejía!

(*Silencio largo.*)

CORA   (*Con mucha tristeza e intención.*) ¿Cómo está?

LA MUERTE   (*Como avergonzada.*) Me gusta mucho su amiga la pianista, Cora, no lo puedo evitar. Es tan dulce, estaba tan preciosa mirándome desde detrás de aquel piano como si mirara al mar que... la rocé y...

CORA   (*Más triste aún.*) ¿Y qué?

LA MUERTE (*Más avergonzada, bajando la cabeza.*) Que se está metiendo en el agua. Dentro de un rato vendrá la tormenta y si nadie lo remedia, las olas crecerán y ella se hará un lío y se ahogará... En fin, cariño, que seré yo quien la recoja. (*Silencio.* CORA *se agacha, adopta una postura fetal y se echa a llorar. El llanto de* CORA *es largo, intenso. También el silencio.* LA MUERTE *se encoge de hombros y con un gesto de ingenuidad, como si en su vida hubiera roto un plato.*) Lo siento, de verdad, pero me he enamorado de ella y eso no me suele ocurrir muy a menudo. Estoy tan emocionada con esa cita... (CORA *sigue llorando. Silencio.* LA MUERTE *se agacha, hasta ponerse a su altura.*) Pero, cariño, usted podría olvidar esa cena de negocios a la que de todas formas ya no llegará y coger un tren y presentarse en la playa donde su amiga la pianista se estará bañando y gritarle desde la orilla que viene una tormenta, que se dé prisa en salir... (*Con mucha curiosidad.*) Por cierto, ¿cómo se llama ella?, como aún no nos han presentado...

CORA (*La mira por fin, en voz baja.*) Marta.

LA MUERTE ¡Marta! ¡Hasta el nombre lo tiene bonito!

CORA (*Pensativa.*) Casi nunca me acuerdo de ella, aunque compartiéramos la infancia y nos sentáramos en el mismo pupitre de la escuela, aunque ella siempre haya estado ahí, para acompañarme: en mi graduación o en el entierro de mi padre... Incluso le robé a su primer novio y, pese a todo, siguió siendo mi amiga. Pero nunca me acuerdo de ella... (*Pausa larga.*) Supongo que me olvido de demasiadas cosas.

LA MUERTE   (*Se echa a reír muy contenta.*) ¡Entonces qué suerte que haya hablado la última y gracias a eso, haya tenido tiempo de acordarse de algunas!

CORA   (*Triste.*) ¿Está segura de que me daría tiempo a coger un tren y...?

LA MUERTE   ¡Claro que sí! ¡Vamos, Cora, corra, y llegue antes que yo! A lo mejor para cuando usted llegue, su amiga ha tragado un poquito de agua, pero cosa de nada.

(CORA *se pone de pie. Por unos instantes, se la ve aturdida. Mira hacia la salida de la derecha y la de la izquierda.*)

CORA   ¿Por dónde tengo que salir?

LA MUERTE   (*Señala la salida de la izquierda, por donde salió* MAURO.) ¡Por allí, cariño, por allí! (*La luz vuelve al resto del escenario mientras* CORA *sale corriendo.* TOBÍAS *y* LISA *están mirando a* LA MUERTE *sin pestañear. De pie. Con un suspirito de gusto. Desperezándose.*) En fin, qué bien se siente una cuando le da por la generosidad.

LISA
(*Asustada.*) ¿Llegará a tiempo?

LA MUERTE
Yo creo que sí, pero por si acaso, hablemos un minutito más.

TOBÍAS
No creo que haya mucho más de lo que hablar. Recoja su bolso y sus papeles y vayámonos de una vez.

LA MUERTE
Tiene razón, Tobías, usted y yo no tenemos nada más de lo que hablar.

TOBÍAS
Si me está queriendo decir con eso que va a llevarse a esta pobre chica, tendrá que pasar por encima de mi cadáver porque no voy a consentirlo. Hemos hecho un trato.

LA MUERTE
¡Qué cosas tiene usted! ¿Un trato?

TOBÍAS
Usted ha dicho que estaba dispuesta a hacer una excepción conmigo. De modo que, si pensó en llevarse a Lisa, lo mismo le da llevarme a mí en su lugar. (*A* LISA.) Usted tampoco tiene inconveniente, ¿verdad?

LISA
(*Insegura.*) No sé. Estoy confundida.

TOBÍAS
(*A* LA MUERTE, *la mira fijamente. Tajante.*) ¡Pero yo no!

(*Suena el primer trueno.*)

LA MUERTE   Ya está aquí.

LISA   (*Asustada.*) Pero si Cora llega a tiempo, usted ya no tiene prisa por llegar a la cita con la pianista...

(LA MUERTE *empieza a recoger sus papeles esparcidos por el suelo y a meterlos en el bolso. Se va poniendo la chaqueta mientras* LISA *y* TOBÍAS *la miran casi sin respirar.*)

LA MUERTE   ¿No empiezan a notar el fresquito? (*Suena la lluvia.* TOBÍAS *empieza a ajustarse el nudo de la corbata y a ponerse la chaqueta también, dispuesto a seguirla.* LA MUERTE *con el bolso ya en la mano, se queda unos instantes escuchando. De espaldas al público.*) ¡Qué bonita suena la lluvia!, ¿verdad?

TOBÍAS   (*Lúgubre.*) ¡Verdad!

(LA MUERTE *se gira y mira a* LISA. *Su tono de voz cambia a partir de este momento y, aunque sigue siendo dulce, está lleno de autoridad.*)

LA MUERTE   Lisa, nos tenemos que ir, cariño.

TOBÍAS   ¡No!

LA MUERTE   Lisa.

TOBÍAS	¡No va a llevársela!
LA MUERTE	Si no se calla, Tobías, no podrá escuchar lo que los médicos están diciendo en este momento.
LISA	¿Qué dicen?
LA MUERTE	Que su bazo mejora.
TOBÍAS	¡Me da igual!
LA MUERTE	(*Con mucha firmeza.*) No quiero volver a saber de usted en mucho tiempo, quiero que a partir de aquí esté ocupado comprando flores para alguien. ¡Salga de aquí! ¡Venda su coche y cómprese una bicicleta!
	(*Silencio en el cual* TOBÍAS *y* LA MUERTE *se lanzan una larga mirada de desafío.* TOBÍAS *ríe. Duda.*)
TOBÍAS	No se ponga usted así. (*Silencio.*) ¿Y dice que conoceré a alguien a quién tendré ganas de regalarle flores?
LA MUERTE	(*Muy firme, casi tajante.*) ¡Sí! (*Silencio largo.* TOBÍAS *lentamente empieza a caminar hacia la salida de la izquierda. Desde allí se vuelve a mirar a* LA MUERTE. *Muy firme.*) No se olvide de llamar un día de estos a Mauro para llevarlo de pesca. Se lo prometió.

TOBÍAS   (*Señala a* LISA.) Y usted cuide de ella.

(TOBÍAS *sale despacio.*)

LA MUERTE   (*Se acerca a* LISA *y le coloca los tirantes del vestido.*) Y ahora, cariño…, ¿por qué no te imaginas que soy el mar, que voy vestida de fiesta, que salimos de aquí y cogemos un taxi y nos vamos a Cartagena de Indias a divertirnos un rato? ¿Por qué no piensas que Plutón quiere ponértelo fácil?

LISA   ¿No me dolerá?

LA MUERTE   Será solo un pequeño escozor en el hombro derecho.

(LISA *sonríe.*)

Oscuro.

Esta primera edición de *baile de huesos*,
de Elena Belmonte, terminó de imprimirse
en septiembre de dos mil veinticinco,
en Madrid.